THE USBORNE INTERNET-LINKED
FIRST
THOUSAND
WORDS
IN SPANISH

With Internet-linked pronunciation guide

Heather Amery
Illustrated by Stephen Cartwright

Edited by Nicole Irving and Katie Daynes
Designed by Andy Griffin and Hannah Ahmed

Spanish language consultant: Esther Lecumberri
With thanks to Terry Shannon

About Usborne Quicklinks

To access the Usborne Quicklinks Web site for this book, go to
www.usborne-quicklinks.com
and enter the keywords "1000 LA spanish". There you can:

- listen to the first thousand words in Spanish, read by a native Spanish speaker

- print out some Spanish picture puzzles for free

- find links to other useful Web sites about the Spanish language

Listening to the words

To hear the words in this book, you will need your Web browser
(e.g. Internet Explorer or Netscape Navigator) and a program that lets you play sound
(such as RealPlayer® or Windows® Media Player). These programs are free and, if you
don't already have one of them, you can download them from Usborne Quicklinks.
Your computer also needs a sound card but most
computers already have one of these.

Note for parents and guardians

Please ensure that your children read and follow the Internet safety
guidelines displayed on the Usborne Quicklinks Web site.

The links in Usborne Quicklinks are regularly reviewed and updated.
However, the content of a Web site may change at any time and Usborne Publishing
is not responsible for the content on any Web site other than its own. We recommend
that children are supervised while on the Internet, that they do not use
Internet Chat Rooms, and that you use Internet filtering software to block
unsuitable material. For more information, see the **Net Help**
area on the Usborne Quicklinks Web site.

On every double page with pictures,
there is a little yellow duck to look for.
Can you find it?

About this book

This is a great book for anyone starting to learn Spanish. You'll find it easy to learn new words by looking at the small, labeled pictures. Then you can practice the words by talking about the large central pictures. This book also has its own Usborne Quicklinks Web site where you can listen to all the Spanish words, print out Spanish picture puzzles, and follow links to some other fun and useful Web sites.

Masculine and feminine words

When you look at Spanish words for things such as "table" or "man", you will see that they have **el** or **la** in front of them. This is because all Spanish words for things and people are either masculine or feminine. **El** is the word for "the" in front of a masculine word and **la** is "the" in front of a feminine word. In front of words that are plural (more than one, such as "tables" or "men"), the Spanish word for "the" is **los** for masculine words, and **las** for feminine words.

All the labels in this book show words for things with **el**, **la**, **los** or **las**. Always learn them with this little word.

Looking at Spanish words

In Spanish, the letters "a", "e", "i", "o" or "u" are sometimes written with a stress mark, a sign that goes above them. This sign changes the way you say the word. Spanish also has an extra letter, which is an "n" with a sign like a squiggle over the top. This **ñ** is said "nyuh" (like the "nio" in "onion").

Saying Spanish words

The best way to learn how to say Spanish words is to listen to a Spanish speaker and repeat what you hear. You can listen to all the words in this book on the Usborne Quicklinks Web site. For more information on how to do this, see the page on the left. At the back of this book, there is also a word list with an easy pronunciation guide for each Spanish word.

A computer is not essential

If you don't have access to the Internet, don't worry. This book is a complete and excellent Spanish word book on its own.

3

La casa

la bañera

la cama

el jabón

el grifo

el papel higiénico

el cepillo de dientes

el agua

el retrete

la esponja

el lavabo

la ducha

El cuarto de baño

El cuarto de estar

la toalla

la pasta dentífrica

la radio

el cojín

el disco compacto

la moqueta

el sofá

4

la silla   el edredón   el peine   la sábana   la alfombra   el armario

la almohada

la cómoda

el espejo

el cepillo

la lámpara

los carteles

el colgador
de ropa

el teléfono

El dormitorio

El pasillo

radiador   el vídeo   el periódico   la mesa   las cartas   las escaleras

La cocina

el refrigerador

los vasos

el reloj

el taburete

las cucharillas

el interruptor

el detergente

la llave

la puerta

el aspirador

el fregadero

las cacerolas

los tenedores

el delantal

la tabla de planchar

la basura

6

el calentador del agua

los cuchillos

la fregona

el trapo del polvo

los azulejos

la escoba

la lavadora

el recogedor

el cajón

los platillos

la sartén

la estufa

las cucharas

los platos

la plancha

el armario

el trapo de cocina

las tazas

las cerillas

el cepillo

los cuencos

7

El jardín

la regadera

la carretilla

la colmena

el caracol

los ladrillos

la paloma

la pala

la mariquita

el cubo
de basura

las semillas

el cobertizo

el gusano

las flores

el irrigador

la azada

la avispa

8

la abeja   la paleta   el hueso   el seto   la horca   el cortacésped

el sendero

las hojas

el árbol

el humo

la oruga

el rastrillo

el nido

los palos

la hierba   el cochecito de niño   la escalera   la hoguera   la manguera   el invernadero

9

El taller

el torno de banco

los tornillos

el papel de lija

el taladro

la escalera

la sierra

el serrín

el calendario

la caja de herramientas

el destornillador

el tablón

las virutas

la navaja

10

las tachuelas

la araña

los tornillos a tuerca

las tuercas

la telaraña

el barril

la mosca

el hacha

el metro

el martillo

la lima

el bote de pintura

la madera

los clavos

la mesa de trabajo

los tarros

el cepillo de carpintero

11

La calle

la tienda

el agujero

el café

la ambulancia

la acera

la antena de televisión

la chimenea

el tejado

la escavadora

el hotel

el autobús

el hombre

el carro de policía

las tuberías

la taladradora

el colegio

el patio

el taxi

el paso de peatones

la fábrica

el camión

el semáforo

el cine

la furgoneta

la apisonadora

el remolque

la casa

el mercado

los escalones

la moto

los apartamentos

la bicicleta

el carro de bomberos

el policía

el carro

la mujer

la farola

13

La juguetería

el tren

los dados

el caramillo

el robot

los tambores

el collar

la cámara

las cuentas

las muñecas

la guitarra

el anillo

la armónic

la casa de muñecas

el silbato

los cubos

el castillo

el submarino

la trompeta

las flechas

el arco

el paracaídas

el barco

las pinturas
para la cara

la
apisonadora

las máscaras

el carro
de carreras

el caballo
de balancín

la hucha

las canicas

los títeres

el piano

los astronautas

la grúa

la plastilina

la
escopeta

los soldados

la caja
de pinturas

el cohete

15

los columpios

el hoyo de arena

el picnic

la cometa

el helado

el perro

la puerta de la cerca

el sendero

la rana

el tobogán

El parque

el banco

los renacuajos

el lago

los patines

el arbusto

16

el bebé

el monopatín

la tierra

la silleta

el subibaja

los niños

el triciclo

los pájaros

la cerca

el balón

el velero

la cuerda

el charco

los patitos

la cuerda de saltar

los árboles

el jardín de flores

los cisnes

la correa de perro

los patos

17

El zoológico

el panda

el ala

el águila

el hipopótamo

las patas

el canguro

el murciélago

el mono

el gorila

el pingüino

el rabo

el lobo

las plumas

el cocodrilo

el oso

el pelícano

el avestruz

el delfín

el león

los cachorros de león

la jirafa

s cuernos

el ciervo

el camello

la foca

la tortuga

el oso polar

la trompa

el elefante

el rinoceronte

el bisonte

el castor

la cabra

la cebra

la serpiente

la ballena

el tiburón

el tigre

el leopardo

19

los raíles

la máquina

los topes

los vagones

el maquinista

el tren de mercancías

el andén

la revisora

la maleta

la máquina de boletos

El viaje

el helicóptero

La estación de ferrocarril

El garaje

las señales

la mochila

los faros

el motor

la rueda

la batería

20

el avión

la azafata

la pista de aterrizaje

la torre de control

El aeropuerto

el sobrecargo

el piloto

el lavado de coches

lavado de coches

el baúl

la gasolina

el camión de las averías

el surtidor de gasolina

camión de gasolina

la llave inglesa

el neumático

el capó

el aceite

21

El campo

el molino
de viento

el globo

la mariposa

el lagarto

las piedras

el zorro

el arroyo

el poste
indicador

el erizo

la montaña

la compuerta

la ardilla

el bosque

el tejón

el río

el camino

las tiendas
de campaña

el canal

los troncos

el pueblo

la mariposa
nocturna

el puente

la barcaza

la cascada

el búho

el túnel

los zorritos

el topo

el pescador

las rocas

el sapo

el tren

la caravana

la colina

23

La granja

el almiar

el perro pastor

los patos

los corderos

el estanque

los pollitos

el pajar

la pocilga

el toro

los patitos

el gallinero

el tractor

el gallo

las ocas   el camión   el granero   el lodo   la carretill

24

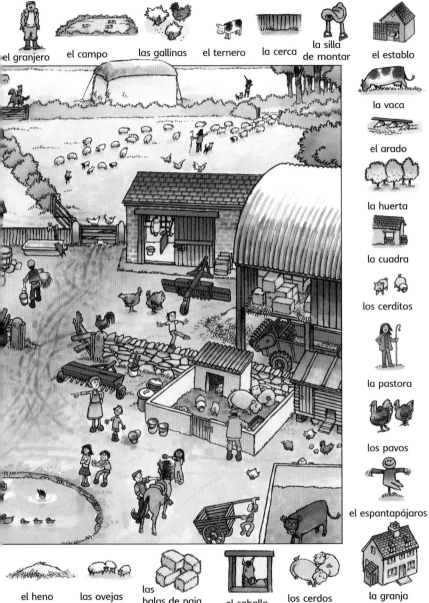

el granjero

el campo

las gallinas

el ternero

la cerca

la silla de montar

el establo

la vaca

el arado

la huerta

la cuadra

los cerditos

la pastora

los pavos

el espantapájaros

el heno

las ovejas

las balas de paja

el caballo

los cerdos

la granja

25

el barco de vela

La playa

la concha de mar

el mar

el remo

el faro

la pala

el cubo

la estrella
de mar

el castillo
de arena

la sombrilla

la bandera

el marinero

el cangrejo

la gaviota

la isla

la lancha motora

el esquiadora
acuática

las olas

el sombrero
de paja

el acantilado

el barco

la canoa

la cuerda

las piedrecitas

las algas

la red

el remo

el barco de pesca

las aletas

el burro

el pez

el traje
de baño

el petrolero

la playa

el bote de remos

la tumbona

27

La escuela

la pizarra

las tijeras

$2 + 2 = 4$
$3 + 2 = 5$

las cuentas

la goma

la regla

las fotos

los marcadores

las chinchetas

las pinturas

el chico

el lápiz

el escritorio

los libros

el bolígrafo

el pegamento

la tiza

el dibujo

la papelera

la profesora

la caja

el mapa

el pincel

el techo

la pared

el suelo

el cuaderno

**a b c ch d e f
g h i j k l ll m
n ñ o p q r rr s
t u v w x y z**

el abecedario

la chapa

la pecera

el papel

la persiana

el picaporte

la planta

el globo terráqueo

la chica

los lápices
de colores

la lámpara

el caballete

**a b c ch d e f
g h i j k l ll m
n ñ o p q r rr s
t u v w x y z**

29

El hospital

el enfermero

el algodón

la medicina

el ascensor

la bata

las muletas

las píldoras

la bandeja

el reloj

el termómetro

la cortina

el osito de trapo

la manzana

el yeso

la venda

la silla
de ruedas

el rompecabezas

la médica

la
jeringuilla

El médico

las zapatillas

la computadora

el esparadrapo

la banana

las uvas

la cesta

los juguetes

la pera

las tarjetas

el pañal

el bastón

la televisión el camisón el pijama la naranja los pañuelos de papel el tebeo

la sala de espera

31

La fiesta

los regalos

el globo

el chocolate

el caramelo

la ventana

los fuegos
artificiales

la cinta

la torta

la paja   la vela   la guirnalda de papel   los juguetes

32

la mandarina

el chorizo

la cinta

la salchicha

las patatas fritas

el disfraz

la cereza

el jugo

la frambuesa

la fresa

la bombilla

el bocadillo

la mantequilla

la galleta

el queso

el pan

el mantel

33

el pomelo

la zanahoria

la coliflor

el puerro

el champiñon

el pepino

el limón

el apio

el albaricoque

La tienda

la bolsa

QUESO

FRUTAS Y VERDURAS

el melón

la cebolla

la col

el melocotón

la lechuga

los guisantes

el tomat

34

los huevos

la ciruela

la harina

el peso

los tarros

la carne

la piña

el yogur

la cesta

las botellas

el bolso

el monedero

el dinero

las latas

el carrito

las patatas

las espinacas

las habichuelas

la caja

la calabaza

Los alimentos

el desayuno

la comida

el café

el huevo
pasado
por agua

el huevo frito

las tostadas

la mermelada

la nata

la leche

el cereal

el chocolate
caliente

el azúcar

la miel

la sal

la pimienta

el té

los panqueques

los panecillos

la cena

el jamón

la sopa

el omelete

los palillos

la ensalada

la hamburguesa

el pollo

el arroz

la salsa

los espaguetis

el puré de patatas

la pizza

las patatas fritas

los postres

37.

Yo

la cabeza

el pelo

la cara

el brazo

el codo

el estómago

los dedos del pie

el pie

la pierna

la rodilla

la ceja

el ojo

la nariz

la mejilla

la boca

los labios

los dientes

la lengua

la barbilla

las orejas

el cuello

los hombros

el pecho

la espalda

el trasero

la mano

el pulgar

los dedos

La ropa

los calcetines   los calzoncillos   la camiseta   los pantalones   los jeans   la camiseta

la falda   la camisa   la corbata   los pantalones cortos   las medias   el vestido

el suéter   el jersey   la rebeca   la bufanda   el pañuelo

los tenis   los zapatos   las sandalias   las botas   los guantes

el cinturón   la hebilla   la cremallera   el cordón del zapato   los botones   los ojales

los bolsillos   el abrigo   la chaqueta   la gorra   el sombrero

39

La gente

el actor

la actriz

el cocinero

el bailarín

la bailarina

el cantante

la cantante

el astronauta

el carnicero

el policía

la policía

el carpintero

el bombero

la artista

el juez

el mecánico

la mecánica

40

el peluquero

la conductora
de camión

el conductor
de autobús

el camarero   la camarera

el cartero

la dentista

el submarinista

el pintor

la
panadera

La familia

el hijo
el hermano

la hija
la hermana

la madre
la esposa

el padre
el esposo

la tía   el tío

el primo

el abuelo

la abuela

41

Haciendo cosas

sonreír

pensar

reírse

llorar

escuchar

agarrar

lanzar

romper

pintar

escribir

cortar

cortar

comer

hablar

cavar

llevar

beber

hacer

saltar

andar a gatas

bailar

lavarse

hacer punto

jugar

mirar

trepar

pelear

dormir

tomar

saltar

coser

esperar

cocinar

esconderse

leer

comprar

empujar

cantar

soplar

tirar

barrer

recoger

caerse

andar

correr

estar sentados

43

Palabras opuestas

bueno

malo

lejos

cerca

arriba

abajo

frío

caliente

mojado

seco

encima

debajo

sucio

limpio

gordo

delgado

abierto

cerrado

pequeño

grande

pocos

muchos

primero

último

a la izquierda

44

fuera

dentro

fácil

difícil

vacío

lleno

blando

duro

la parte delantera

alto

lento

rápido

la parte trasera

bajo

largo

corto

muerto

vivo

oscuro

claro

arriba

a la derecha

nuevo

viejo

abajo

45

Los días

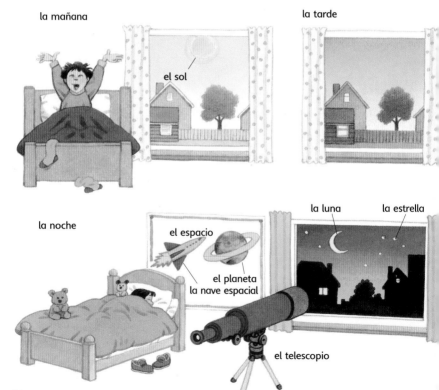

domingo

jueves

martes

sábado

lunes

miércoles

viernes

el calendario

la mañana

el sol

la tarde

la noche

el espacio

la luna

la estrella

el planeta

la nave espacial

el telescopio

Días especiales

el cumpleaños

la tarjeta
de cumpleaños

la vela

el regalo

la torta de cumpleaños

las vacaciones

el día de la boda

la dama de honor

la novia

el novio

la cámara

el fotógrafo

el día de Navidad

el reno

el trineo

Papá Noel

el árbol de Navidad

47

El tiempo

el sol

las nube

el paraguas

el cielo

la lluvia

la niebla

el relámpago

la niebla

la nieve

el rocío

el viento

la neblina

la helada

el arco iris

Las estaciones

la primavera

el verano

el otoño

el invierno

Animales domésticos

la veterinaria

el hámster

el conejillo
de Indias

la casa
del perro

el loro

el cachorro

el perro

el periquito

el pico

la comida

el conejo

el canario

la jaula

el gato   la cesta

el ratón

el gatito

la leche

los peces de colores

Los deportes

el piragüismo

el basquetbol

el snowboarding

la vela

el windsurfing

el cricket

la raqueta

el kárate

el bate

la pelota

el tenis

el fútbol americano

la gimnasia

la caña de pescar

el anzuelo

el baile

el béisbol

la pesca

el rugby

el salto de trampolín

la piscina

la carrera

la natación

el tiro con arco

el blanco

el ala delta

el casco

correr

el ciclismo

la escalada

el judo

el caballo

el poney

la taquilla

el fútbol

la equitación

el vestuario

el bádminton

el ping-pong

los patines de hielo

el patinaje sobre hielo

el palo de esquí

la telesilla

el esquí

el esquí

la lucha libre

51

Los colores

anaranjado

verde

negro

gris

rojo

marrón

blanco

azul

color rosa

morado

amarillo

Las formas

el rombo

el cono

el rectángulo

el círculo

la estrella

el cubo

el óvalo

el triángulo

el cuadrado

la media luna

Los números

1	uno
2	dos
3	tres
4	cuatro
5	cinco
6	seis
7	siete
8	ocho
9	nueve
10	diez
11	once
12	doce
13	trece
14	catorce
15	quince
16	dieciséis
17	diecisiete
18	dieciocho
19	diecinueve
20	veinte

La feria

el tiovivo

la colchoneta

el tobogán

la noria

el tren fantasma

los aros

las palomitas de ma

la montaña rusa

la barraca de tiro al blanco

los autos de choque

el algodón de azúcar

El circo

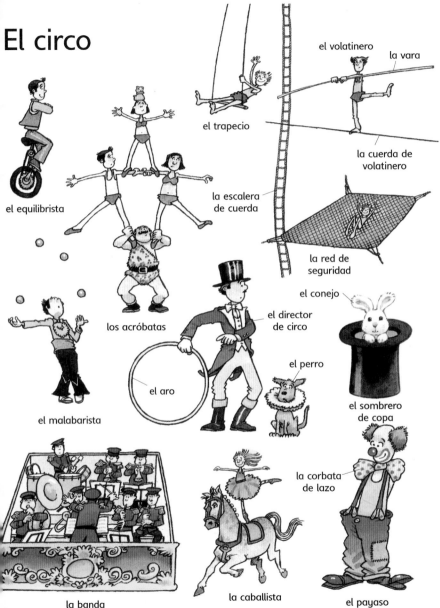

el volatinero

la vara

el trapecio

la cuerda de
volatinero

la escalera
de cuerda

el equilibrista

la red de
seguridad

el conejo

los acróbatas

el director
de circo

el perro

el aro

el sombrero
de copa

el malabarista

la corbata
de lazo

la banda

la caballista

el payaso

55

Word list

In this list, you can find all the Spanish words in this book. They are in alphabetical order. Next to each one, you can see its pronunciation (how to say it) in letters *like this*, and then its English translation.

Remember that Spanish nouns (words for things) are either masculine or feminine (see page 3). In the list, each one has **el**, **la**, **los** or **las** in front of it. These all mean "the". **El** and **los** are used in front of masculine nouns and **la** and **las** are used in front of feminine ones. **Los** and **las** are used in front of a plural noun (a noun is plural if you are talking about more than one, for example "cats").

About Spanish pronunciation
Read the pronunciation as if it were an English word, but try to remember the following rules about how Spanish words are said:

● most Spanish words have a part that you stress, or say louder (like the "day" part of the English word "today"). So you know which part of each word you should stress, it is shown in capital letters

● the Spanish r is made by a flap of the tip of your tongue on the top of your mouth; at the beginning of the word, it is rolled like **rr** (see below)

● the Spanish **rr** is a rolled "rrrrr" sound; it is shown as "rr" in the pronunciations

● a few Spanish letters are said differently depending on what part of the world you are in. When you see "*th*" in the pronunciations, it is said like "th" in "thin" in most of Spain, but in southern Spain and in South America, it is said like the "s" is "say"

● when you see "*g*" in a pronunciation, say it like the "g" in "garden"

A

abajo	*aBAho*	bottom (not top)
el abecedario	*el abetheDARee-o*	alphabet
la abeja	*la aBEha*	bee
abierto	*abee-AIRto*	open
el abrigo	*el aBREEgo*	coat
la abuela	*la aBWEla*	grandmother
el abuelo	*el aBWElo*	grandfather
el acantilado	*el akanteeLAdo*	cliff
el aceite	*el aTHAYtay*	oil
la acera	*la aTHAIRa*	sidewalk
el actor	*el akTOR*	actor
la actriz	*la akTREETH*	actress
el aeropuerto	*el a-airoPWAIRto*	airport
agarrar	*agaRRAR*	to catch
el agua	*el Agwa*	water
el águila	*el Ageela*	eagle
el agujero	*el agooHAIRo*	hole
el ala	*el Ala*	wing
el ala delta	*el Ala DELta*	hang-gliding
el albaricoque	*el albareeKOKay*	apricot
las aletas	*lass aLETass*	flippers
las algas	*lass ALgass*	seaweed
el algodón	*el algoDON*	cotton
el algodón de azúcar	*el algoDON day aTHOOkar*	cotton candy
los alimentos	*loss aleeMENtoss*	food
el almiar	*el almee-AR*	haystack
la almohada	*la almo-Ada*	pillow
alto	*ALto*	high, tall
amarillo	*amaREELyo*	yellow
la ambulancia	*la ambooLANthee-a*	ambulance
anaranjado	*anaranHAdo*	orange (color)
andar	*anDAR*	to walk
andar a gatas	*anDAR a GAtass*	to crawl
el andén	*el anDEN*	platform
el anillo	*el aNEELyo*	ring
los animales favoritos	*loss aneeMAless faboREEtoss*	pets
la antena de televisión	*la anTENa day telebeessee-ON*	TV antenna
el anzuelo	*el anTHWElo*	bait

los apartamentos	*los apartaMENtos*	apartments
el apio	*el Apee-o*	celery
la apisonadora	*la apeessonaDORa*	steamroller
el arado	*el aRAdo*	plow
la araña	*la aRANya*	spider
el árbol	*el ARbol*	tree
el árbol de Navidad	*el ARbol day nabeeDAD*	Christmas tree
los árboles	*loss ARboless*	trees
el arbusto	*el arBOOSSto*	bush
el arco	*el ARko*	bow
el arco iris	*el ARko eeREESS*	rainbow
la ardilla	*la arDEELya*	squirrel
el armario	*el arMARee-o*	cupboard, wardrobe
la armónica	*la arMONeeka*	harmonica
el aro	*el Aro*	hoop
los aros	*loss Aross*	ring toss
arriba	*aRREEba*	top, upstairs
el arroyo	*el aRROYo*	stream
el arroz	*el aRROTH*	rice
el/la artista	*el/la arTEESSta*	artist (man/woman)
el ascensor	*el assthenSSOR*	elevator
el aspirador	*el asspeeraDOR*	vacuum cleaner
el/la astronauta	*el/la asstronA-OOta*	astronaut (man/woman)
los/las astronautas	*loss/lass asstronA-OOtass*	spacemen/women
el autobús	*el a-ootoBOOSS*	bus
los autos de choque	*loss A-OOtoss day CHOkay*	bumper cars
el avestruz	*el abessTROOTH*	ostrich
el avión	*el abee-ON*	plane
la avispa	*la aBEESSpa*	wasp
la azada	*la aTHAda*	hoe
la azafata	*la athaFAta*	flight attendant
el azúcar	*el aTHOOkar*	sugar
azul	*aTHOOL*	blue
los azulejos	*loss athooLEhoss*	tiles

B

bailar	*buyLAR*	to dance

Spanish	Pronunciation	English
el bailarín	el buylaREEN	dancer (man)
la bailarina	la buylaREEna	dancer (woman)
el baile	el BUYlay	dance
bajo	BAho	low
las balas de paja	lass BAlass day PAha	straw bales
la ballena	la balYENa	whale
el balón	el baLON	ball
el basquetbol	el BASketbol	basketball
la banana	la baNAna	banana
el banco	el BANko	bench
la banda	la BANda	band
la bandeja	la banDEha	tray
la bandera	la banDAIRa	flag
la bañera	la banYAIRa	bathtub
la barbilla	la barBEELya	chin
la barcaza	la barKATHa	barge
el barco	el BARko	boat, ship
el barco de pesca	el BARko day PESSka	fishing boat
el barco de vela	el BARko day BEla	sailboat
la barraca de tiro al blanco	la baRRAka day TEEro al BLANko	rifle range
barrer	baRRAIR	to sweep
el barril	el baRREEL	barrel
el basquetbol	el BASketbol	basketball
el bastón	el baSSTON	walking stick
la basura	la baSSOORa	garbage
la bata	la BAta	bathrobe
el bate	el BAtay	bat
la batería	la bateREE-a	battery
el baúl	el baOOL	trunk (car)
el bebé	el beBAY	baby
beber	beBAIR	to drink
el béisbol	el BAYSSbol	baseball
la bicicleta	la beetheeKLEta	bicycle
el bisonte	el beeSSONtay	bison
blanco	BLANko	white
el blanco	el BLANko	target
blando	BLANdo	soft
la boca	la BOka	mouth
el bocadillo	el bokaDEELyo	sandwich
el bolígrafo	el boLEEgrafo	pen
la bolsa	la BOLssa	bag
los bolsillos	loss bolSSEELyoss	pockets
el bolso	el BOLsso	purse
la bombera	la bomBAIRa	firewoman
el bombero	el bomBAIRo	fireman
la bombilla	la bomBEELya	light bulb
el bosque	el BOSSkay	forest
las botas	lass BOtass	boots
el bote de pintura	el BOtay day peenTOORa	paint box
el bote de remos	el BOtay day REmoss	rowboat
las botellas	lass boTELyass	bottles
los botones	loss boTOness	buttons
la bufanda	la booFANda	scarf
el búho	el BOO-o	owl
el burro	el BOOrro	donkey
el brazo	el BRAtho	arm
bueno	BWEno	good
el búho	el BOO-o	owl
el burro	el BOOrro	donkey

C

Spanish	Pronunciation	English
el caballete	el kabalYEte	easel
el/la caballista	el/la kabalYEESta	bareback rider (man/woman)
el caballo	el kaBALyo	horse
el caballo de balancín	el kaBALyo day balanTHEEN	rocking horse
la cabeza	la kaBETHa	head
la cabra	la KAbra	goat
las cacerolas	lass kathaiROLass	saucepans
el cachorro	el kaCHOrro	puppy
los cachorros de león	loss kaCHOrros day layON	lion cubs
caerse	ka-AIRsse	to fall
el café	el kaFAY	café, coffee
la caja	la KAha	cashier
la caja de herramientas	la KAha day erramee-ENtass	tool box
el cajón	el kaHON	drawer
la calabaza	la kalaBAtha	pumpkin
los calcetines	loss kaltheTEEness	socks
el calendario	el kalenDAYRee-o	calendar
el calentador del agua	el kalentaDOR del Agwa	kettle
caliente	kalee-ENtay	hot
la calle	la KALyay	street
los calzoncillos	loss kalthon-THEELyoss	underwear
la cama	la KAma	bed
la cámara	la KAmara	camera
la camarera	la kamaRAIRa	waitress
el camarero	el kamaRAIRo	waiter
el camello	el kaMELyo	camel
el camino	el kaMEEno	road
el camión	el kamee-ON	truck
el camión de gasolina	el kamee-ON day gassoLEEna	oil tanker (truck)
el camión de las averías	el kamee-ON day lass abeREE-ass	tow truck
la camisa	la kaMEESSa	shirt
la camiseta	la kameeSSETa	undershirt
el camisón	el kameeSSON	nightgown
el campo	el KAMpo	countryside, field
la caña de pescar	la KANya day pessKAR	fishing rod
el canal	el kaNAL	canal
el canario	el kaNARee-o	canary
el cangrejo	el kanGREho	crab
el canguro	el kanGOORo	kangaroo
las canicas	lass kaNEEkass	marbles
la canoa	la kaNO-a	canoe
cantar	kanTAR	to sing
el/la cantante	el/la kanTANtay	singer (man/woman)
el capó	el kaPO	(car) hood
la cara	la KAra	face
el caracol	el karaKOL	snail
el caramelo	el karaMElo	candy
el caramillo	el KaraMEELyo	recorder
la caravana	la karaVANa	camper
la carne	la KARnay	meat
la carnicera	el karneeTHAIRa	butcher (woman)
el carnicero	el karneeTHAIRo	butcher (man)
la carpintera	la karpeenTAIRa	carpenter (woman)
el carpintero	el karpeenTAIRo	carpenter (man)
la carrera	la kaRRAIRa	race
la carretilla	la karreTEELya	wheelbarrow
el carro	el KArro	car
el carro de bomberos	el KArro day bomBAIRoss	fire engine
el carro de carreras	el KArro day kaRRAIRass	racing car
el carro de policía	el KArro day poleeTHEE-a	police car
las cartas	lass KARtass	letters

Spanish	Pronunciation	English
los carteles	loss karTELess	posters
el/la cartero	el karTAIRo	mail carrier
la casa	la KAssa	house
la casa de muñecas	la KAssa day moonYEKass	doll's house
la casa del perro	la KAssa del PErro	kennel
la cascada	la kassKAda	waterfall
el casco	el KASSko	helmet
el castillo	el kasTEELyo	castle
el castillo de arena	el kasTEELyo day aRENa	sandcastle
el castor	el kasTOR	beaver
catorce	kaTORthay	fourteen
cavar	kaBAR	to dig
la cebolla	la theBOLya	onion
la ceja	la THEha	eyebrow
la cena	la THEna	supper, dinner (evening meal)
el cepillo	el thePEELyo	brush
el cepillo de carpintero	el thePEELyo day karpenTAIRo	(wood) plane
el cepillo de dientes	el thePEELyo day dee-ENtess	toothbrush
cerca	THAIRka	near
la cerca	la THAIRka	fence
los cerditos	loss thairDEEtoss	piglets
los cerdos	loss THAIRdoss	pigs
el cereal	el therayAl	cereal
la cereza	la theREtha	cherry
las cerillas	lass theREELyas	matches
cerrado	theRRAdo	closed
la cesta	la THESSta	basket
el champiñon	el champeenYON	mushroom
la chapa	la CHApa	badge
la chaqueta	la chaKAYta	jacket
el charco	el CHARko	puddle
la chica	la CHEEka	girl
el chico	el CHEEko	boy
la chimenea	la cheemeNAYa	chimney
las chinchetas	lass cheenCHEtass	thumb tacks
el chocolate	el chokoLAtay	chocolate
el chocolate caliente	el chokoLAtay kalee-ENtay	hot chocolate
el chorizo	el choREEtho	salami
el ciclismo	el theeKLEEZmo	cycling
el cielo	el thee-ELo	sky
el ciervo	el thee-AIRbo	deer
cinco	THEENko	five
el cine	el THEEnay	cinema
la cinta	la THEENta	ribbon
el cinturón	el theentooRON	belt
el circo	el THEERko	circus
el círculo	el THEERkoolo	circle
la ciruela	la theerWEla	plum
los cisnes	loss THEESSness	swans
claro	KLAro	light (not dark)
los clavos	loss KLAboss	nails
el cobertizo	el kobairTEEtho	shed
el cochecito de niño	el kocheTHEEto day NEENyo	baby buggy
cocinar	kotheeNAR	to cook
la cocinera	la kotheeNAIRa	cook (woman)
el cocinero	el kotheeNAIRo	cook (man)
el cocodrilo	el kokoDREElo	crocodile
el codo	el KOdo	elbow
el cohete	el ko-Etay	rocket
el cojín	el koHEEN	cushion
la col	la kol	cabbage
la colchoneta	la kolchoNETa	mat
el colgador de ropa	el kolgaDOR day ROpa	clothes peg
la coliflor	la koleeFLOR	cauliflower
la colina	la koLEEna	hill
el collar	el kolYAR	necklace
la colmena	la kolMENa	beehive
color rosa	koLOR ROssa	pink
los colores	loss koLORess	colors
los columpios	loss koLOOMpee-oss	swings
comer	koMAIR	to eat
la cometa	la koMETa	kite
la comida	la koMEEda	lunch (lunchtime meal)
la cómoda	la KOmoda	chest of drawers
comprar	komPRAR	to buy
la compuerta	la komPWAIRta	lock (on a canal)
la computadora	la kompootaDORA	computer
la concha de mar	la KONcha day MAR	seashell
el conductor de camión	el kondookTOR day kamee-ON	truck driver (man)
la conductora de camión	la kondookTORa day kamee-ON	truck driver (woman)
el conductor de autobús	el kondookTOR day a-ootoBOOSS	bus driver (man)
la conductora de autobús	la kondookTORa day a-ootoBOOSS	bus driver (woman)
el conejillo de Indias	el koneHEELyo day EENdeeyass	guinea pig
el conejo	el koNEho	rabbit
el cono	el KOno	cone
la corbata	la korBAta	tie
la corbata de lazo	la korBAta day laTHO	bow tie
los corderos	loss korDAIRos	lambs
el cordón del zapato	el korDON del thaPAto	shoelace
la correa de perro	la koRRAYa day PErro	dog lead
correr	koRRAIR	to run
el cortacésped	el KORtaTHESSped	lawn mower
cortar	korTAR	to cut
la cortina	la korTEEna	curtain
corto	KORto	short
coser	koSSAIR	to sew
la cremallera	la kremalYAIRa	zipper
el cricket	el KREEket	cricket (sport)
el cuaderno	el kwaDAIRno	notebook
la cuadra	la KWAdra	stable
el cuadrado	el kwaDRAdo	square
cuatro	KWAtro	four
el cuarto de baño	el KWARto day BANyo	bathroom
el cuarto de estar	el KWARto de essTAR	living room
el cubo	el KOObo	bucket, cube
el cubo de basura	el KOObo day baSSOOra	trash can
los cubos	loss KEWbos	(toy) blocks
las cucharas	lass kooCHArass	spoons
las cucharillas	lass koochaREELyass	teaspoons
los cuchillos	loss kooCHEELyoss	knives
el cuello	el KWELyo	neck
las cuentas	lass KWENtass	beads, problems
la cuerda	la KWAIRda	rope
la cuerda de saltar	la KWAIRda day salTAR	jump rope
la cuerda de volatinero	la KWAIRda day bolateeNAIRo	tightrope
los cuernos	loss KWAIRnoss	horns
el cumpleaños	el koomplayANyoss	birthday
la curita	la kewREEtah	adhesive bandage

D

Spanish	Pronunciation	English
los dados	loss DAdoss	dice
la dama de honor	la DAma day oNOR	bridesmaid

Spanish	Pronunciation	English
debajo	deBAho	under
los dedos	loss DEdoss	fingers
los dedos del pie	loss DEdoss del pee-AY	toes
el delantal	el delanTAL	apron
el delfín	el delFEEN	dolphin
delgado	delGAdo	thin
el/la dentista	el/la denTEESSta	dentist (man/woman)
dentro	DENtro	in
los deportes	loss dePORtess	sports
a la derecha	a la deREcha	(on/to the) right
el desayuno	el dessa-YOOno	breakfast
el destornillador	el desstorneelyaDOR	screwdriver
el detergente	el detairHENtay	laundry detergent
el día de la boda	el DEEa day la BOda	wedding day
el día de Navidad	el DEEa de nabeeDAD	Christmas Day
los días	loss DEEass	days
días especiales	DEEass esspethee-Aless	special days
el dibujo	el deeBOOho	drawing
diecinueve	dee-etheeNWEbay	nineteen
dieciocho	dee-ethee-Ocho	eighteen
dieciséis	dee-etheeSAYSS	sixteen
diecisiete	dee-etheesee-Etay	seventeen
los dientes	loss dee-ENtes	teeth
diez	dee-ETH	ten
difícil	deeFEEtheel	difficult
el dinero	el deeNAIRo	money
el director de circo	el deerekTOR day THEERko	ring master
el disco compacto	el DEESko komPAKto	CD (compact disc)
el disfraz	el deesFRATH	costume
doce	DOthay	twelve
domingo	doMEENgo	Sunday
dormir	dorMEER	to sleep
el dormitorio	el dormeeTORee-o	bedroom
dos	doss	two
la ducha	la DOOcha	shower
duro	DOOro	hard

E

Spanish	Pronunciation	English
el edredón	el edreDON	comforter
el elefante	el eleFANtay	elephant
empujar	empooHAR	to push
encima	enTHEEma	over
la enfermera	la enfairMAIRa	nurse (woman)
el enfermero	el enfairMAIRo	nurse (man)
la ensalada	la enssaLAda	salad
el/la equilibrista	el/la ekeelee-BREESSta	unicyclist (man/woman)
la equitación	la ekeetathee-ON	riding
el erizo	el eREEtho	hedgehog
la escalada	la esskaLAda	climbing
la escalera	la esskaLAIRa	ladder
la escalera de cuerda	la esskaLAIRa day KWAIRda	rope ladder
las escaleras	lass esskaLAIRass	stairs
los escalones	loss esskaLONess	steps
la escavadora	la esskabaDORa	steam shovel
la escoba	la essKOba	broom
esconderse	esskonDAIRssay	to hide
la escopeta	la esskoPETa	gun
escribir	esskreeBEER	to write
escuchar	esskooCHAR	to listen
la escuela	la essKWELa	school
el espacio	el essPAthee-o	space
los espaguetis	loss esspaGEteess	spaghetti
la espalda	la essPALda	back (of body)
el espantapájaros	el esspantaPAhaross	scarecrow
el espejo	el essPEho	mirror
esperar	esspeRAR	to wait
las espinacas	lass esspeeNAkass	spinach
la esponja	la essPONha	sponge
la esposa	la essPOssa	wife
el esposo	el essPOsso	husband
el esquí	el essKEE	ski
el esquíadora acuático	el esKEEadora aKWAteeko	water-skiing
el establo	el essTAblo	cowshed
la estación de ferrocarril	la estasthee-ON day ferrokaRREEL	railway station
las estaciones	lass esstathee-ONess	seasons
la estufa	la esTUfa	kitchen, stove
el estanque	el essTANkay	pond
el estómago	el essTOMago	tummy
la estrella	la essTRELya	star
la estrella de mar	la essTRELya day MAR	starfish

F

Spanish	Pronunciation	English
la fábrica	la FAbreeka	factory
fácil	FAtheel	easy
la falda	la FALda	skirt
la familia	la faMEELya	family
el faro	el FAro	lighthouse
la farola	la faROLa	lamp post
la feria	la FEree-a	fair, fairground
la fiesta	la fee-ESSta	party
las flechas	lass FLEchass	arrows
las flores	lass FLOress	flowers
la foca	la FOka	seal
las formas	lass FORmass	shapes
la fotógrafa	la foTOgrafa	photographer (woman)
el fotógrafo	el foTOgrafo	photographer (man)
las fotos	lass FOtoss	photographs
la frambuesa	la framBWEssa	raspberry
el fregadero	el fregaDAIRo	sink
la fregona	la freGONa	mop
la fresa	la FREssa	strawberry
frío	FREE-o	cold
las frutas	lass FROOtass	fruit
las frutas y verduras	lass FROOtass ee bairDOOrass	fruit and vegetables
los fuegos artificiales	loss FWEgoss arteefeethee-Aless	fireworks
fuera	FWAIRa	out
la furgoneta	la foorgoNEta	van
el fútbol americano	el FOOTbol amereeKAno	football
el fútbol	el FOOTbol	soccer

G

Spanish	Pronunciation	English
la galleta	la galYETa	cookie
las gallinas	lass galYEENass	hens
el gallinero	el galyeeNAIRo	henhouse
el gallo	el GALyo	rooster
el garaje	el gaRAhay	garage
la gasolina	la gasoLEEna	gasoline
el gatito	el gaTEEto	kitten
el gato	el GAto	cat
la gaviota	la gabee-Ota	seagull
la gente	la HENtay	people
la gimnasia	la heemNASSee-a	gym (gymnastics)
el globo	el GLObo	balloon
el globo terráqueo	el GLObo teRRAkay-o	globe
la goma	la GOma	eraser

Spanish	Pronunciation	English
gordo	GORdo	fat
el gorila	el goREEla	gorilla
la gorra	la GORRa	cap
grande	GRANday	big
el granero	el graNAIRo	barn
la granja	la GRANha	farm
la granjera	la granHAIRo	farmer (woman)
el granjero	el granHAIRo	farmer (man)
el grifo	el GREEfo	faucet
gris	GREESS	gray
la grúa	la GROO-a	crane
los guantes	loss GWANtess	gloves
la guirnalda de papel	la geerNALda day paPEL	paper chain
los guisantes	loss geeSSANtess	peas
la guitarra	la geeTARRa	guitar
el gusano	el gooSSAno	worm

H

Spanish	Pronunciation	English
las habichuelas	lass abeeCHWElass	beans
hablar	aBLAR	to talk
hacer	aTHAIR	to make, to do
hacer punto	aTHAIR POONto	to knit
el hacha	el Acha	ax
haciendo cosas	athee-ENdo KOssass	doing things
la hamburguesa	la amboorGESSa	hamburger
el hámster	el HAMstair	hamster
la harina	la aREEna	flour
la hebilla	la eBEELya	buckle
la helada	la eLAda	frost
el helado	el eLAdo	ice cream
el helicóptero	el eleeKOPtairo	helicopter
el heno	el Eno	hay
la hermana	la airMANa	sister
el hermano	el airMANo	brother
la hierba	la ee-AIRba	grass
la hija	la EEha	daughter
el hijo	el EEho	son
el hipopótamo	el eepoPOTamo	hippopotamus
la hoguera	la oGAIRa	bonfire
las hojas	lass Ohass	leaves
el hombre	el OMbray	man
los hombros	loss OMbross	shoulders
la horca	la ORka	fork
el hospital	el osspeeTAL	hospital
el hotel	el Otel	hotel
el hoyo de arena	el Oyo day aRENa	sandbox
la hucha	la OOcha	money box
la huerta	la WAIRta	orchard
el hueso	el WEsso	bone
el huevo frito	el WEbo FREEto	fried egg
el huevo pasado por agua	el WEbo paSSAdo por Agwa	boiled egg
los huevos	loss WEboss	eggs
el humo	el OOmo	smoke

I

Spanish	Pronunciation	English
el interruptor	el eentairoopTOR	switch
el invernadero	el eenbairnaDAIRo	greenhouse
el invierno	el eenbee-AIRno	winter
el irrigador	el eerreegaDOR	sprinkler
la isla	la EEssla	island
a la izquierda	a la eethkee-AIRda	(on/to the) left

J

Spanish	Pronunciation	English
el jabón	el haBON	soap
el jamón	el haMON	ham
el jardín	el harDEEN	yard
el jardín de flores	el harDEEN day FLORess	flower bed
la jaula	la HOWla	cage
los jeans	loss JEENS	cowboys
la jeringilla	la hereenGEELya	syringe
la jirafa	la heeRAfa	giraffe
el judo	el JOOdo	judo
jueves	HWEbess	Thursday
el/la juez	el/la HWETH	judge (man/woman)
jugar	hooGAR	to play
el jugo	el HOOgo	juice
los juguetes	loss hooGETess	toys
la juguetería	la hoogetairEE-a	toy shop

K

Spanish	Pronunciation	English
el kárate	el KAratay	karate

L

Spanish	Pronunciation	English
los labios	loss LAbee-oss	lips
la lagartija	la lagarTEEha	lizard
la lámpara	la LAMpara	lamp
la lancha motora	la LANcha moTORa	speedboat
lanzar	lanTHAR	to throw
los lápices de colores	loss LApeethess day koLORess	crayons
el lápiz	el LApeeth	pencil
el lago	el LAgo	lake
largo	LARgo	long
las latas	lass LAtass	cans
el lavabo	el LAbabo	sink
el lavado de coches	el LAbado day KOchess	car wash
la lavadora	la labaDORa	washing machine
lavarse	laBARssay	to wash
la leche	la LEchay	milk
la lechuga	la leCHOOga	lettuce
leer	layAIR	to read
lejos	LEhoss	far
la lengua	la LENgwa	tongue
lento	LENto	slow
el león	el layON	lion
el leopardo	el layoPARdo	leopard
los libros	loss LEEbross	books
la lima	la LEEma	file
el limón	el leeMON	lemon
limpio	LEEMpee-o	clean
la llave inglesa	la LYAbay eenGLESSa	wrench
la llave	la LYAbay	key
lleno	LYENo	full
llevar	lyeBAR	to carry
llorar	lyoRAR	to cry
la lluvia	la LYOObee-a	rain
el lobo	el LObo	wolf
el lodo	el LOdo	mud
el loro	el LOro	parrot
las luces delanteras	lass LOOthess delanTAIRass	headlights
la lucha libre	la LOOcha leeBRAY	wrestling
la luna	la LOOna	moon
lunes	LOOness	Monday

M

Spanish	Pronunciation	English
la madera	la maDAIRa	wood
la madre	la MAdray	mother
el/la malabarista	el/la malabaREESSta	juggler (man/woman)
la maleta	la maLEta	suitcase
malo	MAlo	bad
la mañana	la maNYAna	morning
la mandarina	la mandaREEna	tangerine
la manguera	la manGAIRa	hose
la mano	la MAno	hand
el mantel	el manTEL	tablecloth
la mantequilla	la manteKEELya	butter
la manzana	la manTHAna	apple
el mapa	el MApa	map
la máquina	la MAkeena	engine
la máquina de boletos	la MAkeena day boLEtoss	ticket machine
el/la maquinista	el/la makeeNEESSta	train engineer (man/woman)
el mar	el MAR	sea
los marcadores	los markaDORes	felt-tip pens
el marinero	el mareeNAIRo	sailor
la mariposa	la mareePOSSa	butterfly
la mariposa nocturna	la mareePOSSa nokTOORna	moth
la mariquita	la mareeKEEta	ladybug
marrón	maRRON	brown
martes	MARtess	Tuesday
el martillo	el marTEELyo	hammer
las máscaras	lass MASSkarass	masks
la mecánica	la meKAneeka	mechanic (woman)
el mecánico	el meKAneeko	mechanic (man)
la media luna	la MEdee-a LOOna	crescent
las medias	lass MEdee-ass	tights
la médica	la MEdeeka	doctor (woman)
la medicina	la medeeTHEEna	medicine
el médico	el MEdeeko	doctor (man)
la mejilla	la meHEELya	cheek
el melocotón	el melokoTON	peach
el melón	el meLON	melon
el mercado	el mairKAdo	market
la mermelada	la mairmeLAda	jam
la mesa	la MEssa	table
la mesa de trabajo	la MEssa day traBAho	workbench
el metro	el MEtro	tape measure
la miel	la mee-EL	honey
miércoles	mee-AIRkoless	Wednesday
mirar	meeRAR	to watch
la mochila	la moCHEELa	backpack
mojado	moHAdo	wet
el molino de viento	el moLEEno day beeENto	windmill
el monedero	el moneDAIRo	coin purse
el mono	el MOno	monkey
el monopatín	el monopaTEEN	skateboard
la montaña	la monTANya	mountain
la montaña rusa	la monTANya ROOssa	roller coaster
la moqueta	la moKEta	carpet
morado	moRAdo	purple
la mosca	la MOSSka	fly
la moto	la MOto	motorcycle
el motor	el moTOR	engine
muchos	MOOchoss	many
muerto	MWAIRto	dead
la mujer	la mooHAIR	woman
la mujer policía	la mooHAIR poleeTHEEya	policewoman
las muletas	lass mooLETass	crutches
las muñecas	lass mooNYEKass	dolls
el murciélago	el moorthee-Elago	bat

N

Spanish	Pronunciation	English
la naranja	la naRANha	orange (fruit)
la nariz	el naREETH	nose
la nata	la NAta	cream
la natación	la natathee-ON	swimming
la navaja	la naBAha	pocketknife
la nave espacial	la NAbay espathee-AL	spaceship
la neblina	la neBLEEna	mist
negro	NEgro	black
el neumático	el nay-ooMAteeko	tire
el nido	el NEEdo	nest
la niebla	la nee-Ebla	fog
la nieve	la nee-Ebay	snow
los niños	loss NEEnyoss	children
la noche	la NOchay	night
la noria	la NOree-a	Ferris wheel
la novia	la NObee-a	bride
el novio	el NObee-o	bridegroom
las nubes	lass NOObess	clouds
nueve	NWEbay	nine
nuevo	NWEbo	new
los números	loss NOOmaiross	numbers

O

Spanish	Pronunciation	English
las ocas	lass Okass	geese
ocho	Ocho	eight
los ojales	loss oHAless	button holes
el ojo	el Oho	eye
las olas	lass Olass	waves
el omelete	el omeLEtay	omelette
once	ONthay	eleven
las orejas	lass oREhass	ears
la oruga	la oROOga	caterpillar
oscuro	ossKOOro	dark
el osito de trapo	el oSSEEto day TRApo	teddy bear
el oso	el Osso	bear
el oso polar	el Oso poLAR	polar bear
el otoño	el oTONyo	fall
el óvalo	el Obalo	oval
las ovejas	lass oBEhass	sheep

P

Spanish	Pronunciation	English
el padre	el PAdray	father
la paja	la PAha	(drinking) straw
el pajar	el paHAR	loft
los pájaros	loss PAhaross	birds
la pajarita	la pahaREEta	bow tie
la pala	la PAla	shovel
palabras opuestas	paLAbrass oPWESStass	opposite words
la paleta	la paLEta	trowel
los palillos	loss paLEELyoss	chopsticks
el palo de esquí	el PAlo day essKEE	ski pole
la paloma	la paLOma	pigeon
las palomitas de maíz	lass paloMEEtass day maEETH	popcorn
los palos	loss PAloss	sticks
el pan	el PAN	bread
la panadera	la panaDAIRa	baker (woman)
el panadero	el panaDAIRo	baker (man)
el pañal	el paNYAL	diaper
el panda	el PANda	panda
los panecillos	loss paneTHEELyoss	(bread) rolls
los panqueques	loss panKKeays	pancakes
los pantalones	loss pantaLOness	pants
los pantalones cortos	loss pantaLOness	shorts

	KORtoss	
el pañuelo	el panyuWELo	handkerchief
los pañuelos de papel	loss panyuWELoss day paPEL	tissues
Papá Noel	paPA noEL	Santa Claus
las papas	lass PApas	potatoes
el papel	el paPEL	paper
el papel de lija	el paPEL day LEEha	sandpaper
la papelera	la papeLAIRa eehee-Eneeko	wastepaper can
el papel higiénico	el paPEL	toilet paper
el paracaídas	el paraka-EEdass	parachute
el paraguas	el paRAgwass	umbrella
la pared	la paRED	wall
el parque	el PARkay	park
la parte delantera	la PARtay delanTAIRa	front
la parte trasera	la PARtay traSSAIRa	back (not front)
el pasillo	el paSEElyo	hall
el paso de peatones	el PAsso day payaTOness	pedestrian crossing
la pasta dentífrica	la PASSta dent-TEEfrika	toothpaste
el pastor	el pasTOR	shepherd
la pastora	la passTORa	shepherdess
las patas	lass PAtass	paws
las patatas fritas	lass paTAtass FREEtoss	chips, fries
el patinaje sobre hielo	el pateeNAhay sobray ee-ELo	ice skating
los patines	loss paTEEness	roller blades
los patines de hielo	loss paTEEness day ee-ELo	ice skates
el patio	el PAtee-o	playground
los patitos	loss paTEEtoss	ducklings
los patos	loss PAtoss	ducks
los pavos	loss PAboss	turkeys
el payaso	el paYAsso	clown
la pecera	la peTHAIRa	aquarium
los peces de colores	loss PEthess day koLORess	goldfish
el pecho	el PEcho	chest
el pegamento	el pegaMENto	glue
el peine	el PAYnay	comb
pelear	pelayAR	to fight
el pelícano	el peleeKAno	pelican
el pelo	el PElo	hair
la pelota	la peLOta	ball
la peluquera	la pelooKAIRa	hair stylist (woman)
el peluquero	el pelooKAIRo	barber (man)
pensar	penSAR	to think
el pepino	el pePEEno	cucumber
pequeño	peKENyo	small
la pera	la PEra	pear
el periódico	el peree-Odeeko	newspaper
el periquito	el pereeKEEto	parakeet
el perro	el PErro	dog
el perro pastor	el PErro pasTOR	sheepdog
la persiana	la pairsee-Ana	(window) blind
la pesca	la PESSka	fishing
el pescador	el pesskaDOR	fisherman
el peso	el PEsso	scales
el petrolero	el petrolAIRo	oil tanker (ship)
el pez	el PETH	fish
el piano	el pee-Ano	piano
el picaporte	el peeka PORtay	door handle
el picnic	el PEEKneek	picnic
el pico	el PEEko	beak
el pie	el pee-AY	foot
las piedras	lass pee-Edrass	stones
las piedrecitas	lass pee-edre-THEEtass	pebbles
la pierna	la pee-AIRna	leg

el pijama	el peeHAma	pajamas
las píldoras	lass PEELdorass	pills
el piloto	el peeLOto	pilot
la pimienta	la peemee-ENta	pepper
la piña	la PEEnya	pineapple
el pincel	el peenTHEL	brush
el ping-pong	el peeng-PONG	table tennis
el pingüino	el peenGWEEno	penguin
pintar	peenTAR	to paint
el pintor	el peenTOR	painter (man)
la pintora	la peenTORa	painter (woman)
las pinturas	lass peenTORass	paints
las pinturas para la cara	lass peenTORass para la KAra	face paints
el piragüismo	el peeraGWEEssmo	rowing, canoeing
la piscina	la peessTHEEna	swimming pool
la pista de aterrizaje	la PEESSta day aterreeTHAhay	runway
la pizarra	la peeTHArra	blackboard
la pizza	la PEETza	pizza
la plancha	la PLANcha	iron
el planeta	el plaNEta	planet
la planta	la PLANta	plant
la plastilina	la plasteeLEEna	modeling clay
los platillos	loss plaTEELyoss	saucers
los platos	loss PLAtos	bowls
la playa	la PLA-ya	beach, seaside
las plumas	lass PLOOmass	feathers
la pocilga	la poTHEELga	pigsty
pocos	POkoss	few
el policía	el poleeTHEE-a	policeman
los pollitos	loss poLYEEtoss	chicks
el pollo	el POlyo	chicken
el pomelo	el poMELo	grapefruit
el poney	el POnee	pony
el poste indicador	el POSStay eendeekaDOR	signpost
los postres	loss POsstress	dessert
la primavera	la preemaVAIRa	spring
primero	preeMAIRo	first
la prima	la PREEma	cousin (girl)
el primo	el PREEmo	cousin (boy)
el profesor	el profeSSOR	teacher (man)
la profesora	la profeSSORa	teacher (woman)
el pueblo	el PWEblo	village
el puente	el PWENtay	bridge
el puerro	el PWErro	leek
la puerta	la PWAIRta	door
la puerta de la cerca	la PWAIRta day la THAIRka	gate
el pulgar	el poolGAR	thumb
el pupitre	el pooPEEtray	desk
el puré de patatas	el pooRAY day paTAtass	mashed potatoes

Q

el queso	el KEsso	cheese
quince	KEENthay	fifteen

R

el rabo	el RAbo	tail
el radiador	el radee-aDOR	radiator
la radio	la RAdee-o	radio
los raíles	loss ra-EEless	train track
la rana	la RAna	frog
rápido	RApeedo	fast
la raqueta	la raKEta	racket
el rastrillo	el rasTREELyo	rake
el ratón	el raTON	mouse

la rebeca	la reBEkah	cardigan
recoger	rekoHAIR	to pick
el recogedor	el rekoheDOR	dustpan
el rectángulo	el recTANgoolo	rectangle
la red	la RED	net
la red de seguridad	la RED day segooreeDAD	safety net
el refrigerador	el reFREE-hairador	refrigerator
la regadera	la regaDORa	watering can
el regalo	el reGAlo	present (gift)
los regalos	loss reGAloss	presents (gifts)
la regla	la REgla	ruler
reírse	ray-EERssay	to laugh
el relámpago	el reLAMpago	lightning
el reloj	el reLOH	clock, watch
el remo	el REmo	oar, rowing
el remolque	el reMOLkay	trailer
los renacuajos	loss renaKWAhoss	tadpoles
el reno	el REno	reindeer
el retrete	el reTRE-tay	toilet
el revisor	el rebeeSSOR	train conductor (man)
la revisora	la rebeeSSORa	train conductor (woman)
el rinoceronte	el reenothaiRONtay	rhinoceros
el río	el REE-o	river
el robot	el roBOT	robot
las rocas	lass ROkass	rocks
el rocío	el roTHEE-o	dew
la rodilla	la roDEELya	knee
rojo	ROho	red
el rombo	el ROMbo	diamond
el rompecabezas	el rompaykaBEthass	jigsaw
romper	romPAIR	to break
la ropa	la ROpa	clothes
la rueda	la RWEda	wheel
el rugby	el ROOGbee	rugby

S

sábado	SAbado	Saturday
la sábana	la SAbana	sheet
la sal	la SAL	salt
la sala de espera	la SAla day esPAIRa	waiting room
la salchicha	la salCHEEcha	sausage
la salsa	la SALssa	sauce
saltar	salTAR	to jump, to skip
el salto de trampolín	el SALto day trampoLEEN	diving
las sandalias	lass sanDAlee-ass	sandals
el sapo	el SApo	toad
la sartén	la sarTEN	frying pan
seco	SEko	dry
seis	SAYSS	six
el semáforo	el seMAforo traffic	lights
las semillas	lass seMEELyas	seeds
las señales	lass seNYAless	signals
el sendero	el senDAYroh	path
sentarse	senTARsay	to sit
la serpiente	la sairpee-ENtay	snake
el serrín	el seRREEN	sawdust
el seto	el SEto	hedge
la sierra	la see-Erra	saw
siete	see-Etay	seven
el silbato	el seelBAto	whistle
la silla	la SEELya	chair
la silla de montar	la SEELya day monTAR	saddle
la silla de ruedas	la SEELya day RWEdass	wheelchair
la silleta	la seelYEta	stroller
el snowboarding	el eSNOWbordeeng	snowboarding
el sobrecargo	el sobrayKARgo	flight attendant (man)

el sofá	el soFA	sofa
el sol	el SOL	sun
los soldados	loss solDAdoss	soldiers
el sombrero	el somBRAIRo	hat
el sombrero de copa	el somBRAIRo day KOpa	top-hat
el sombrero de paja	el somBRAIRo day paHA	straw hat
la sombrilla	la somBREELya	beach umbrella
sonreír	sonray-EER	to smile
la sopa	la SOpa	soup
soplar	soPLAR	to blow
el subibaja	el soobeeBAha	seesaw
el/la submarinista	el/la soobmaree-NEESSta	frogman/woman
el submarino	el soobmaREEno	submarine
sucio	SOOthee-o	dirty
el suelo	el SWElo	floor
el suéter	el SWEtair	sweater
el surtidor de gasolina	el soorteeDOR day gasoLEEna	gas pump

T

la tabla de planchar	la TAbla day planCHAR	ironing board
el tablón	el taBLON	plank
el taburete	el tabooREtay	stool
las tachuelas	lass taCHWElass	tacks
la taladradora	la taladraDORa	road drill
el taladro	el taLADro	drill
el taller	el talYAIR	workshop
los tambores	loss tamBOREss	drums
la taquilla	la taKEELya	locker
la tarde	la TARday	evening
la tarjeta de cumpleaños	la tarHETa day koomplayANyoss	birthday card
las tarjetas	lass tarHETass	cards
los tarros	loss TARRoss	jars
el taxi	el TAKssee	taxi
las tazas	lass TAthass	cups
el té	el TAY	tea
el tebeo	el teBAYo	comic
el techo	el TEcho	ceiling
el tejado	el teHAdo	roof
el tejón	el teHON	badger
la telaraña	la telaRANya	cobweb
el teléfono	el teLEFono	telephone
el telescopio	el teleSKOpee-o	telescope
la telesilla	la teleSEELya	chairlift
la televisión	la telebeessee-ON	television
los tenedores	loss teneDOREss	forks
el tenis	el TEneess	tennis
los tenis	los TEneess	sneakers
el termómetro	el tairMOmetro	thermometer
el ternero	el tairNAIRo	calf
la tía	la TEE-a	aunt
el tiburón	el teebooRON	shark
el tiempo	el tee-EMpo	weather
la tienda	la tee-ENda	shop
las tiendas de campaña	lass tee-ENdass day kamPANya	tents
el tigre	el TEEgray	tiger
las tijeras	lass teeHAIRass	scissors
el tío	el TEE-o	uncle
el tiovivo	el tee-oBEEbo	merry-go-round
tirar	teeRAR	to pull
el tiro con arco	el TEEro kon ARko	archery
los títeres	loss TEEteress	puppets
la tiza	la TEEtha	chalk
la toalla	la toAlya	towel
el tobogán	el toboGAN	slide

63

tomar	*toMAR*	to take
el tomate	*el toMAtay*	tomato
los topes	*loss TOpess*	buffers
el topo	*el TOpo*	mole
los tornillos	*loss torNEELyoss*	screws
los tornillos a tuerca	*loss torNEELyoss a TWAIRka*	bolts (nuts and bolts)
el torno de banco	*el TORno day BANko*	vice (tool)
el toro	*el TOro*	bull
la torre de control	*la TORray day konTROL*	control tower
la torta	*la TORta*	cake
la torta de cumpleaños	*la TORta day koomplayANyoss*	birthday
la tortuga	*la torTOOga*	tortoise
las tostadas	*lass tossTAdass*	toast
el tractor	*el trakTOR*	tractor
el traje de baño	*el TRAhay day BANyo*	swimsuit
el trapecio	*el traPEthee-o*	trapeze
el trapo del polvo	*el TRApo del POLbo*	dust cloth
el trasero	*el traSAIRo*	bottom (body)
trece	*TREthay*	thirteen
el tren	*el TREN*	train
el tren de mercancías	*el TREN day mairkanTHEE-ass*	freight train
el tren fantasma	*el TREN fanTASSma*	ghost train (ride)
trepar	*trePAR*	to climb
tres	*TRESS*	three
el triángulo	*tree-ANgoolo*	triangle
el triciclo	*el treeTHEEklo*	tricycle
el trineo	*el treeNAYo*	sleigh
la trompa	*la TROMpa*	trunk (elephant)
la trompeta	*la tromPEta*	trumpet
los troncos	*loss TRONkoss*	logs
las tuberías	*lass toobaiREE-ass*	pipes
las tuercas	*lass TWAIRkass*	nuts (nuts and bolts)
la tumbona	*la toomBOna*	deck chair
el túnel	*el TOOnel*	tunnel

U

último	*OOLteemo*	last
uno	*OOno*	one
las uvas	*lass OObass*	grapes

V

la vaca	*la BAka*	cow
las vacaciones	*lass bakathee-ONess*	vacation
vacío	*baTHEE-o*	empty
los vagones	*loss baGONess*	railway cars
la vara	*la BAra*	pole
los vasos	*loss BAssoss*	glasses (drinking)
veinte	*BAYntay*	twenty
la vela	*la BEla*	candle
el velero	*el beLAIRo*	sailboat
la venda	*la BENda*	bandage
la ventana	*la benTAna*	window
las verduras	*lass bairDOORass*	vegetables
el verano	*el beRAno*	summer
verde	*BAIRday*	green
el vestido	*el bessTEEdo*	dress
el vestuario	*el besstoo-ARee-o*	changing room
la veterinaria	*la betereeNARee-a*	vet (woman)
el veterinario	*el betereeNARee-o*	vet (man)
el viaje	*el bee-Ahay*	travel
el video	*el BEEday-o*	video
viejo	*bee-Eho*	old

el viento	*el beeENto*	wind
viernes	*beeAIRness*	Friday
las virutas	*lass beeROOtass*	(wood) shavings
vivo	*BEEbo*	alive
la volatinera	*la bolateeNAIRa (woman)*	tightrope walker
el volatinero	*el bolateeNAIRo*	tightrope walker (ma

W

el windsurfing	*el weensoorfeeng*	windsurfing

Y

el yeso	*el YEsso*	cast
yo	*yo*	I, me
el yogur	*el yoGOOR*	yogurt

Z

la zanahoria	*la thana-ORee-a*	carrot
las zapatillas	*lass thapaTEELyass*	slippers
los zapatos	*loss thaPAtoss*	shoes
la zebra	*la THEbra*	zebra
el zoológico	*el thoLOcheeko*	zoo
los zorritos	*loss thoREEtoss*	fox cubs
el zorro	*el THOrro*	fox

This revised edition first published in 1995 by Usborne Publishing Ltd, Usborne House, 83-85 Saffron Hill, London EC1N 8RT, England. www.usborne.com
Based on a previous title first published in 1979.
Copyright © 2002, 1995, 1979 Usborne Publishing Ltd.
First published in America, March 1996. AE
This American edition published in 2003.